Bibliografische Information der Deutschen Nationalbibliothek:

Die Deutsche Bibliothek verzeichnet diese Publikation in der Deutschen National-
bibliografie; detaillierte bibliografische Daten sind im Internet über http://dnb.d-
nb.de/ abrufbar.

Dieses Werk sowie alle darin enthaltenen einzelnen Beiträge und Abbildungen
sind urheberrechtlich geschützt. Jede Verwertung, die nicht ausdrücklich vom
Urheberrechtsschutz zugelassen ist, bedarf der vorherigen Zustimmung des Verla-
ges. Das gilt insbesondere für Vervielfältigungen, Bearbeitungen, Übersetzungen,
Mikroverfilmungen, Auswertungen durch Datenbanken und für die Einspeicherung
und Verarbeitung in elektronische Systeme. Alle Rechte, auch die des auszugsweisen
Nachdrucks, der fotomechanischen Wiedergabe (einschließlich Mikrokopie) sowie
der Auswertung durch Datenbanken oder ähnliche Einrichtungen, vorbehalten.

Impressum:

Copyright © 2004 GRIN Verlag, Open Publishing GmbH
Druck und Bindung: Books on Demand GmbH, Norderstedt Germany
ISBN: 9783656779063

Christin Warner

Lehrwerkanalyse "Themen neu Zertifikatsband" Lehrwerk für Deutsch als Fremdsprache

GRIN Verlag

GRIN - Your knowledge has value

Der GRIN Verlag publiziert seit 1998 wissenschaftliche Arbeiten von Studenten, Hochschullehrern und anderen Akademikern als eBook und gedrucktes Buch. Die Verlagswebsite www.grin.com ist die ideale Plattform zur Veröffentlichung von Hausarbeiten, Abschlussarbeiten, wissenschaftlichen Aufsätzen, Dissertationen und Fachbüchern.

Besuchen Sie uns im Internet:

http://www.grin.com/

http://www.facebook.com/grincom

http://www.twitter.com/grin_com

Europa Universität Viadrina

Kulturwissenschaftliche Fakultät

Lehrwerkanalyse

„Themen neu Zertifikatsband"

Lehrwerk für Deutsch als Fremdsprache

Seminar:
Fremdsprachenpädagogen, ihre Ausbildung und Berufspraxis

Schein:
Linguistik Vertiefung

Semester:
Wintersemester 2003/04

Verfasserin:
Christin Warner

Inhalt

1.　Einleitung

Das Lehrwerk „Themen neu Zertifikatsband" wurde u. a. von Michaela Perlmann-Balme und Andreas Tomaszewski verfasst. Es erscheint seit 2002 im Max Hueber Verlag. Ich werde im Folgenden dieses Lehrwerk besprechen, weil es einen guten Ruf hat und in vielen Ländern im Deutschunterricht genutzt wird.[1]

Meine Lehrwerkbesprechung gliedert sich in Beschreibung und Analyse. In der Beschreibung stelle ich den Aufbau und Inhalt der einzelnen Lehrwerkteile dar. In der darauf folgenden Analyse untersuche ich das Kursbuch und das Arbeitsbuch hinsichtlich seiner Methodik. Anschließend beurteile ich die Verwendung von Farben und Illustrationen im Layout.

Desweiteren analysiere ich in wie weit der Zertifikatsband auf das „Zertifikat Deutsch" vorbereitet. Abschließend fasse ich meine Ergebnisse kurz zusammen.

---

[1] Vgl. Datenbank des Goethe Instituts

2. Beschreibung

Die Reihe „Themen neu" ist eine Neubearbeitung der sehr erfolgreichen Lehrwerk-reihe „Themen", die seit 1983 erscheint. Ebenso wie sein Vorgänger ist „Themen neu" pragmatisch-kommunikativ ausgerichtet. Im Gegensatz zu diesem vermittelt es jedoch auch interkulturelles Wissen und Lernstrategien. Das Lehrwerk „Themen neu Zertifikatsband" besteht aus einem Kursbuch, einem Arbeitsbuch, drei Kassetten bzw. CDs mit Hörtexten und zwei Lehrerhandbüchern. Der Verlag empfiehlt den Zertifikatsband im Anschluss an die Lehrwerke „Themen neu 1" und „Themen neu 2" einzusetzen. Der Zertifikatsband soll auf das „Zertifikat Deutsch" vorbereiten. Er kann auch durch den dritten Band der Reihe ersetzt werden, wenn die Lerner diese Prüfung nicht ablegen wollen.

Das „Zertifikat Deutsch" (ZD) beruht auf dem Sprachgebrauch des Standarddeutschen in Deutschland, Österreich und der Schweiz. Mit dem Bestehen dieser Prüfung weist der Lerner Grundkenntnisse des Deutschen nach sowie die Befähigung, sich in Alltagssituationen sprachlich zurecht zu finden. Arbeitgeber erkennen das ZD als Nachweis guter Deutschkenntnisse an. Außerdem kann mit dem bestandenen ZD die deutsche Staatsbürgerschaft erlangt werden.[2]

Laut dem Verlag ist der „Themen neu Zerifikatsband" für 120 bis 140 Unterrichtseinheiten à 45 Minuten geeignet.[3] Das Lehrwerk richtet sich an fortgeschrittene Anfänger. Es spricht vor allem Erwachsene an, die bereits ihren ersten Bildungsweg abgeschlossen haben und Deutsch für die Lehre, das Studium oder den Beruf lernen.[4] In zehn Lektionen behandelt das Lehrwerk ausschließlich Themen aus der Alltagskommunikation, wie z. B. Freizeit und Fitness, Konsum, Reisen, Menschenkenntnis, Orte, Lernen, Berufswelt und Neue Medien.

Im Kursbuch besteht jede Lektion insgesamt aus 21 bis 26 Übungen, die sich in drei bis sechs Abschnitte einteilen. Jede Lektion beginnt mit einer „Assoziationsseite", die durch Bilder oder kleine Hörtexte das Vorwissen der Lerner aktivieren soll. So wird

---

[2] Vgl. Goethe Institut Prüfungsbeschreibung
[3] Vgl. Themen neu.Lehrwerke

ihnen ein eigener, individueller Einstieg in das Thema ermöglicht. Im Anschluss daran wird der erste Lese- oder Hörtext eingeführt und bearbeitet. Bilder, Diagramme und weitere Texte regen den Lerner dazu an, sich intensiver mit der angeboten Thematik zu beschäftigen. Nach jeder Lektion gibt es im Kursbuch einen speziellen Bereich für die Prüfungsvorbereitung auf das „Zertifikat Deutsch", indem ein Prüfungsbereich vorgestellt wird. Nach dem Prüfungstraining befinden sich auf einer Seite im Kursbuch Aufgaben zur Hörtext-Serie „Humboldt 13, dritter Stock". Darin werden Gespräche zwischen den WG-Bewohnern Ursula, Edwin und Karlheinz dargestellt, die das jeweilige Thema der Lektion in lockerer Form beinhalten. So unterhalten sich die drei in der Lektion 3, die Freizeit und Fitness thematisiert, über Jogging und Diäten. Der Anhang des Kursbuches besteht aus einer Grammatikübersicht, in der die behandelte Grammatik zusammenfassend dargestellt wird, einer Deklinationstabelle der starken und unregelmäßigen Verben und einer alphabetischen Wortschatzliste.

Zusätzlich zu dieser Liste stehen im Arbeitsbuch vor jeder Lektion thematische Wortschatz-Tabellen, die nach Wortarten getrennt sind. Außerdem gibt es einen kurzen Überblick über die verwendeten Redemittel und die Kerngrammatik der jeweiligen Lektion. Das im Kursbuch erworbene Wissen kann mit passenden Grammatik-, Wortschatz- und Ausdrucksübungen im Arbeitsbuch vertieft und gefestigt werden. Da das Arbeitsbuch über einen eigenen Lösungsschlüssel verfügt, bietet es dem Lerner die Möglichkeit, sich auch außerhalb des Klassenzimmers mit der Fremdsprache zu beschäftigen. Außerdem findet der Lerner im Anhang des Arbeitsheftes einen „Zertifikat Deutsch"-Modelltest, mit dem er eine komplette Prüfung simulieren kann.

Die Lehrerhandbücher des „Themen neu Zerifikatsbandes" sind in A und B unterteilt. Der Teil A enthält zu jeder Lektion praktische Hinweise zur Arbeit mit Kurs- und Arbeitsbuch, die Lösungen zu den Übungen im Kursbuch, die Transkriptionen der verwendeten Hörtexte und Hinweise zur Durchführung und Bewertung des im Arbeitsbuch vorhandenen „Zertifikat Deutsch"-Modelltests. Im Teil B werden dem Lehrer Kopiervorlagen, Tests sowie Hinweise zur Landeskunde und Grammatik zur Verfügung gestellt.

---

[4] Vgl. Datenbank des Goethe Instituts

Ergänzende Materialien zu den einzelnen Bänden von „Themen neu" können Lernende und Lehrer aus dem Internet unter der Adresse

www.themen-neu.de beziehen. Für den „Zertifikatsband" stehen jedoch keine speziellen Lernmaterialien im Internet. Dennoch ist diese Seite für Lehrer und Lerner interessant, da sie eine Zusammenstellung von verschiedenen landeskundlichen Links über Deutschland enthält und die Möglichkeit bietet, mit anderen Deutschlernenden und –lehrenden in Kontakt zu treten.

3.   Methodik

Das Kursbuch ist primär kommunikativ ausgerichtet. Hörtexte und Lesetexte wechseln sich in jeder Lektion ab. Ergänzt werden sie durch Diagramme, Bilder und Collagen, die den Lerner die Sprache mit allen Sinnen erleben lassen und seine Phantasie anregen sollen. Des Weiteren helfen Tabellen mit möglichen Redemitteln für verschiedene Gesprächstypen dem Lerner sprachlich angemessen auf Situationen zu reagieren. Durch Imitation werden die sprachlichen Muster wie z. B. sich vorstellen, Vorschläge machen, Ratschläge geben, Sachverhalte beschreiben und eine Tabelle interpretieren, gefestigt. Die Sprache wird so anwendungsbezogen vermittelt und der Lerner ist schnell in der Lage, auf Deutsch zu kommunizieren.

Die Grammatik wird induktiv eingeführt oder wiederholt. Sie spielt jedoch keine zentrale Rolle in „Themen neu Zertifikatsband".

Die im Kursbuch angewandten Sozialformen beschränken sich auf Einzel-, Partner- und Gruppenarbeit. Dabei werden vor allem Partner- und Gruppenarbeit verstärkt fokusiert. Die Schüler werden immer wieder dazu aufgefordert, sich selbst in das Unterrichtsgeschehen einzubringen z.b. indem sie gemeinsam eine Party planen oder sich gegenseitig über ihre Lieblingssportart erzählen. Auch wird viel Wert auf das Gespräch im Plenum gelegt. Diese Arbeitsformen verlangen von den Schülern ein hohes Mass an Engagement und Diskussionsfreude. Sind diese jedoch gegeben, können durch das intensive Kommunizieren gute Lernerfolge erzielt werden. Der Lehrer tritt nur als Moderator des Klassengeschehens und als Organisator der Unterrichtsabläufe auf. Ein Vorlesungstil wird von seiner Seite nicht gefordert und der reine Frontalunterricht komplett abgelehnt.

Die Schüler sind gefordert ihr Vorwissen und ihre eigene Meinung mit in den Unterricht einzubringen. Es wird ihnen teilweise die Möglichkeit gegeben selbstständig mit dem Kursbuch zu arbeiten.

Zum absoluten Selbststudium ist das Kursbuch jedoch nicht geeignet, da ein Lehrer zum Überprüfen der Lösungen und zum Organisieren der Unterrichtsabläufe erforderlich ist. Im Gegensatz zum Kursbuch fördert das Arbeitsbuch, das einen eigenen Lösungsschlüssel beinhaltet, das Selbststudium der Schüler. Beide Bücher können demnach gut in der täglichen Unterrichtspraxis miteinander ergänzt werden.

Neben dem kommunikativen Aspekt sind auch interkulturelle Ansätze im Lehrwerk vorhanden. In der Aufgabenstellung des Kursbuches werden die Lernenden anregt Vergleiche zwischen ihren Herkunftsländern und Deutschland zu ziehen, beispielsweise bezüglich Grußformen oder Körpersprache. Leider bezieht sich der „Zertifikatsband" primär auf Deutschland und berücksichtigt Österreich und die Schweiz nur sporadisch. Somit sind umfassende Binnenvergleiche innerhalb der deutschsprachigen Länder kaum gegeben. Es wird demzufolge nur ein sehr einseitiges Bild vom deutschsprachigen Raum vermittelt.

Neben der kommunikativen und interkulturellen Kompetenz ist es das Ziel des Lehrwerkes auf das „Zertifikat Deutsch" vorzubereiten. Ich werde im Punkt „Prüfungsvorbereitung" darauf gesondert eingehen.

Dadurch, dass das Lehrwerk in zehn Kapitel eingeteilt ist, die untereinander keinen direkten Zusammenhang haben, können sie flexibel eingesetzt werden. So könnte beispielsweise nach der Lektion 5 die „Ausbildung und Beruf" behandelt mit der Lektion 10 fortgefahren werden, die „Neue Medien" thematisiert. Es ist jedoch zu empfehlen, die Lektion 1 „Vorstellen und Kennenlernen" zuerst durch zu nehmen, wenn der Kurs neu zusammen kommt. Damit sich alle Teilnehmer näher kennenlernen, um sich später aktiv an den Plenums- und Gruppendiskussionen beteiligen zu können. Falls die Kursteilnehmer sich jedoch schon genau kennen, kann man die Lektion 1 auch mit der Lektion 4 oder der Lektion 7 kombinieren, die sich mit den Themen Alltag bzw. Menschenkenntnis beschäftigen. Auch innerhalb einer Lektion können die einzelnen Abschnitte frei miteinander kombiniert werden. So kann beispielsweise in der Lektion 5, die mit „Fitness und Freizeit" betitelt wird, der Abschnitt drei, der sich mit Extremsportarten beschäftigt, vor dem Abschnitt zwei, der die Fitnesswelle thematisiert, behandelt werden. Im Anschluss daran kann man den Abschnitt 1 bearbeiten, in dem es um Freizeitaktivitäten im allgemeinen geht. Abschließend ist es möglich, den vierten Abschnitt zu thematisieren, der sich mit dem Freizeitverhalten von Rentnern auseinander setzt. Es ist also der Kreativität und dem Geschick von Lehrern und Schülern überlassen, ihren eigenen Zugang zu jedem Kapitel zu finden. Innerhalb der einzelnen Abschnitte jedes Kapitels ist es jedoch nur bedingt zu empfehlen, die einzelnen Übungen in ihrer festgelegten Reihenfolge zu verändern, da sie aufeinander aufbauen. Des Weiteren sollte die „Assoziationsseite" am Anfang eines jeden Kapitels auch als Einstieg in die Thematik genutzt werden, da sie durch Bilder oder kurze Hörtexte den Lerner dazu anregt sich mit dem Thema auseinanderzusetzen. Sie kann jedoch auch nach Abschluss des Kapitels noch einmal zur finalen Reflexion oder zur Wiederholung von Vokabeln genutzt werden.

Das Lehrwerk gibt Lehrenden und Lernern folglich verschiedene Möglichkeiten, flexibel und abwechslungsreich den Stoff durchzugehen und eigene Ideen dabei zu verwirklichen. Beide Parteien sind bei der Erkundung von thematischen Zugängen jedoch auf sich selbst angewiesen, da das Lehrwerk selbst keine Anregungen enthält, von seinem geradlinigen Aufbau abzukommen.

4. Illustrationen und Farben

Das Kursbuch des „Themen neu Zertifikatsband" bietet viele graphische Verstehenshilfen. So befinden sich in jeder Lektion am Außenrand der Seiten schwarz - weiß Piktogramme, die den Lernenden darauf aufmerksam machen welche der vier Fertigkeiten (Sprechen, Lesen, Schreiben, Hören) er in den jeweiligen Übungen anwendet. Die Hörtexte werden durch eine Kassette markiert. Unter dieser steht die Nummer der Kassette bzw. CD und die Nummer des jeweiligen Textes. Dies ermöglicht es Lehrenden und Lernern schnell den erforderlichen Hörtext zu finden. Die Fertigkeit Lesen wird durch ein Gesicht hinter einem Buch dargestellt. Wenn die Übung vor allem zum Sprechen anregen soll, erscheint nur ein Gesicht. Das Schreiben wird durch einen Block und einen Stift symbolisiert. Auch die spezielle Zertifikatsvorbereitung wird durch ein Piktogramm angezeigt, das ein nachdenkliches Gesicht mit einem Stift im Mund zeigt. Ebenso wird die Grammatik durch ein Symbol dargestellt, dieses zeigt eine Hand, die mit ihrem Zeigefinger auf die betreffende Übung verweist. Unter der Hand befindet sich ein Paragraph, der angibt, wo man die behandelte Grammatikeinheit im Anhang nachschlagen kann.

Neben den Piktogrammen werden Farben zur Markierung von Zusammenhängen eingesetzt. Jede Lektion hat ihre eigene Farbe. Innerhalb des Buches hält man sich an die Farbskala. So werden die ersten beiden Lektionen durch Gelb dargestellt, die nachfolgenden drei Lektionen enthalten verschieden Rottöne, welche in den darauffolgenden zwei Lektionen in Lila und Blau übergehen und ihren Abschluss in drei verschiedenen Grüntönen finden. Die erste Seite eines Kapitels führt dessen Grundfarbe jeweils ein. Beim Kapitel 2 und 4 gibt es jedoch auf der ersten Seite keine Übereinstimmung von verwendeter Kapitelfarbe und Hintergrundfarbe. Die darauffolgenden Seiten sind weiß. Die Farbe des Kapitels taucht jedoch immer wieder als Hintergrundfarbe von einzelnen Texten und als Rahmen für die standardisierten Worttabellen auf. Außerdem befindet sich an der äußersten Ecke jeder Seite ein kleiner Kasten, der die Kapitelfarbe und die Nummer des Abschnittes enthält. Über ihm ist die jeweilige Lektion vermerkt.

Auch die Behandlung von Grammatik wird farblich durch einen kleinen, grünen Kasten am äußersten Ende der Seite markiert. In diesem Kasten stehen das behandelte grammatikalische Thema und einige Anwendungsbeispiele. Wird die Grammatik nur wiederholt, informiert der Kasten außerdem, in welchem Band der Reihe „Themen neu" und unter welchem Paragraph das Thema nachgeschlagen werden kann.

Die Vorbereitung zur Zertifikatsprüfung hebt sich ebenfalls farblich von den Lektionen ab. Sie umfassen ein oder zwei Seiten je Lektion und sind in Blautönen gehalten. Das Buch wird außerdem durch viele farbige Comiczeichnungen, Fotos und Computeranimationen illustriert. Während die Comiczeichnungen eine gute Qualität haben und in angemessener Größe im Buch auftauchen, so dass der Lerner sich ein gutes Bild von der dargestellten Situation machen kann. Sind die Bilder meist klein bis sehr klein. Zwar kann man die Handlungen der Personen erkennen, dennoch ist es nicht vorteilhaft die Vorstellung des Lerners derart ein zu zwängen. Außerdem kann man so winzige Bilder nicht in ausreichend guter Qualität kopieren oder einscannen und sie demnach nicht in anderen Zusammenhängen verwenden. Eine Ausnahme ist nur bei der ersten Seite der Kapitel zu machen. Hier sind die Bilder in angemessener Größe zu Collagen zusammengefasst. Ein weiteres Manko des Buches sind die graphischen Computeranimationen. Sie kommen zwar nur sehr sporadisch im Buch vor, sind jedoch kein Augenschmaus, da sie ein sehr artifizielles, starres und nicht authentisches Bild der Wirklichkeit abgeben.

Im Arbeitsbuch wird auf jegliche farbliche Markierung verzichtet. Hier ist alles in schwarz-weiß gehalten. Kleine Texte und Übungen überwiegen und werden nur hier und da durch Comiczeichnungen und Fotos aufgelockert.

Neben der unterschiedlichen Qualität aller graphischen Darstellungen im Kurs- und Arbeitsbuch ist jedoch zu betonen, dass die gezeigten Motive, mit Ausnahme der Computeranimationen im Kursbuch, die Lebenswirklichkeit in Deutschland gut nachvollziehen lassen. Sie sind außerdem bemüht, ein möglichst differenziertes Bild von Deutschland aufzuzeigen und verzichten auf „touristische" Darstellungen wie einen Bierkrug oder Menschen in Lederhosen.

5.   Prüfungsvorbereitung

Das „Zertifikat Deutsch" besteht aus einer schriftlichen und einer mündlichen Prüfung. Erstere umfasst circa 150 Minuten und testet Leseverstehen, Hörverstehen und schriftlichen Ausdruck des Prüflings. Desweiteren werden im Prüfungsabschnitt „Sprachbausteine", grammatikalische und lexikalische Kenntnisse des Deutschen abgefragt. Die schriftliche Zertifikatsprüfung beginnt mit dem Leseverstehen. In drei Aufgaben, die mit jeweils maximal 25 Punkten bewertet werden, wird im einzelnen Global-, Detail-, und selektives Verstehen überprüft. Globalverstehen und selektives Verstehen wird durch die Zuordnung von Überschriften bzw. von Situationen zu kleinen Texten und Anzeigen getestet. Während das Detailverstehen durch Multipel-Choise-Aufgaben abgefragt wird. Nach dem Leseverstehen folgen zwei Lückentexte zum Sprachbaustein, die höchstens mit jeweils 15 Punkten bewertet werden.

Im ersten Lückentext werden für jede Lücke drei Möglichkeiten gegeben das richtig deklinierte Verb bzw. Substantiv oder die passende Präposition einzusetzen. Der zweite Text bietet dahingegen nur verschiedene Wörter, die sinnvoll in die Lücken eingefügt werden müssen. Die Lückentexte sind meist persönliche oder formelle Briefe. Für das Leseverstehen und die Sprachbausteine sind 90 Minuten vorgesehen. Danach schlägt die Prüfungskommission eine 20minütige Pause vor. Im Anschluss daran wird das Global-, Detail- und selektive Hörverstehen überprüft. Ebenso wie beim Leseverstehen kann der Prüfling bei jeder der drei Aufgaben maximal 25 Punkte erreichen. Der Text wird beim Globalverstehen nur einmal gehört. Bei den anderen beiden Testformen wird er zwei Mal abgespielt. Bei jedem der drei Texte werden dem Hörer verschiedene Aussagen zum Text vorgelegt, die er mit richtig oder falsch bewerten muss. Dieser Prüfungsabschnitt macht ungefähr 30 Minuten aus. Die letzten 30 Minuten des Tests sind für den schriftlichen Ausdruck vorgesehen. Dabei soll auf einen persönlichen Brief reagiert werden. Dem Prüfling wird ein thematischer Leitfaden mit den Punkten vorgegeben, die im Antwortbrief enthalten sein müssen.

Es wird bewertet, ob alle Punkte im Antwortbrief besprochen werden, ob die Form eines Briefes mit Datum, Anrede und Grußformel gegeben ist, wie die Sätze miteinander verknüpft werden und ob lexikalische oder grammatische Fehler vorhanden sind. Insgesamt können für den schriftlichen Ausdruck höchstens 45 Punkte erreicht werden. Nach der schriftlichen Prüfung erfolgt eine 15minütige mündliche Prüfung. Sie kann als Einzel- oder Paartest abgelegt werden. Die Prüfung besteht aus drei Teilen, in der die Kontaktaufnahme, ein Gespräch über ein Thema und das Lösen einer Aufgabe getestet werden. Vor der Prüfung haben die Teilnehmer 20 Minuten Zeit, die Aufgabenstellungen und die zu bearbeiteten Texte durchzugehen und vorzubereiten. Jeder Prüfling kann für die mündliche Prüfung nicht mehr als 75 Punkte erlangen. Insgesamt können für alle Teile der Zertifikatsprüfung maximal 300 Punkte erreicht werden.

Die Prüfungstrainingsseiten des „Themen neu Zertifikatbandes" besprechen alle Prüfungsabschnitte wie Lese- oder Hörverstehen, Sprachbausteine, schriftlicher und mündlicher Ausdruck ausführlich. Die speziellen Aufgabenformen zu jedem Prüfungsteil werden nach jeder Lektion einzeln vorgestellt. Der zukünftige Prüfling erhält genaue Angaben zum Ziel der Aufgabe und der anzuratenden Arbeitszeit. Anschließend werden ihm Tipps gegeben, wie er vor und beim Lösen der Aufgabe vorgehen soll. Danach kann er eine Prüfungsaufgabe lösen. Vorab wird ihm ein kurzes Beispiel gegeben, wie die Lösung formal erfolgen soll. Zusammen mit dem Lehrer kann abschließend verglichen werden, ob die Aufgabe erfolgreich gelöst werden konnte. Im Arbeitsbuch des „Zertifikatsbandes" kann zudem ein kompletter, zusammenhängender Zertifikatstest absolviert werden. Der Lösungsschlüssel zu diesem Test befindet sich jedoch nicht im Arbeitsbuch, sondern im Lehrerhandbuch. Neben dieser expliziten Prüfungsvorbereitung bietet das Kursbuch noch weitere indirekte Präparationen für den Zertifikatstest, beispielsweise dadurch, dass die meisten Hörverstehentexte mit wahr/falsch Aufgaben verbunden sind oder Lesetexte mit Multiple- Choise- Aufgaben bzw. Zuordnungsaufgaben kombiniert werden. Außerdem kann die thematische Konzeption des Buches (mit Komplexen zu den Themen Kennenlernen, Beruf, Gesundheit und Freizeit) gut als Grundlage für die mündliche Prüfung genutzt werden. So bieten Kurs- und Arbeitsbuch eine solide Grundlage für die Vorbereitung zur „Zertifikatsprüfung Deutsch".

Nichtsdestotrotz wäre es wünschenswert, den Lernern mehr Zusatzmaterialien mit Lösungsschlüsseln zu den einzelnen Prüfungsteilen zur Verfügung zu stellen. Dies würde jedem Prüfling die Möglichkeit geben, sich noch einmal ganz individuell auf den Test vorzubereiten.

6. Zusammenfassung

Das Lehrwerk „Themen neu Zertifikatsband" zeichnet sich durch einen klaren und übersichtlichen Aufbau aus. Die einzelnen Lehrwerksteile wie Kursbuch, Arbeitsbuch und Kassetten sind gut miteinander verbunden und ergänzen sich gegenseitig. Mit Hilfe von Farben und graphischen Hilfsmitteln wird Lernern und Lehrern der Umgang mit dem Lehrwerk erleichtert. Das Werk ist hinsichtlich der angebotenen Textsorten (Interviews, Reportagen, Umfragen, Erzählungen usw.) abwechslungsreich gestaltet. Auch die Sozialformen werden flexibel eingesetzt. Wobei ein besonderes Augenmerk auf das Arbeiten im Plenum und mit Partnern gelegt wird. Der Lerner und seine Erlebniswelt stehen im Mittelpunkt des Werkes. Bei der Themenauswahl verfolgen die Autoren ein klares Konzept, das mit Themen wie „Neue Medien" oder „Freizeit und Fitness" eng an die Alltagswelt der erwachsenen Zielgruppe gelehnt ist. Der Zertifikatsband ist methodisch kommunikativ ausgerichtet, berücksichtigt jedoch auch interkulturelle Einflüsse. Neben der Entwicklung einer kommunikativen Kompetenz ist es das Ziel des Lehrwerkes auf das „Zertifikat Deutsch" vorzubereiten. Die einzelnen Prüfungsteile werden im Kurbuch intensive behandelt und tragen so zu einer optimalen Vorbereitung der Lernenden bei.

Es wäre jedoch wünschenswert, wenn auch innerhalb der Kapitel des Buches mehr explizite Aufgaben zur Prüfungsvorbereitung angeboten würden. Außerdem sollten Lehrenden und Lernenden über das Internet zusätzliche Mittel zur Vorbereitung des Zertifikats angeboten werden. So könnten Schwachpunkte beispielsweise beim Lese-oder Hörverstehen individuell von den Lernenden behoben werden. Überhaupt enthält der „Themen neu Zertifikatsband" mit Ausnahme des Arbeitsbuches kaum Anregungen, sich über den normalen Unterricht hinaus selbständig mit Deutsch und den deutschsprachigen Ländern zu beschäftigen.

Desweiteren werden den Schülern nur in der Prüfungsvorbereitung Lerntipps und Hilfestellung zur Lösung von Aufgaben gegeben. Es wäre gut, wenn auch innerhalb der Kapitel mehr Methoden vermittelt werden würden, die den Lerner befähigen, Aufgaben effektiv zu lösen z. B. in dem man ihm Tipps gibt, wie er einen Text lesen kann.

Insgesamt ist der „Themen neu Zertifikatsband" ein konzeptionell und thematisch solides Lehrwerk, das gut von Lernenden und Lehrenden gehandhabt werden kann und umfassend auf das „Zertifikat Deutsch" vorbereitet. Es wäre jedoch wünschenswert, wenn es die Eigeninitiative der Lerner und Lehrer mehr fördern und ein stärkeres Gewicht auf interkulturelle Themen legen würde.

7. Literaturverzeichnis

Primärliteratur

Bock, Heiko /
Müller, Jutta (2002): *Themen neu Zertifikatsband. Lehrwerk für Deutsch als Fremdsprache. Arbeitsbuch.* Ismaning: Hueber.

Perlmann-Balme, Michaela/
Tomaszewski, Andreas/
Weers, Dörte u.a. (2002): *Themen neu Zertifikatsband. Lehrwerk für Deutsch als Fremdsprache. Kursbuch.* Ismaning: Hueber.

dies. (2003): *Themen neu Zertifikatsband. Lehrwerk für Deutsch als Fremdsprache. Lehrerhandbuch Teil A.* Ismaning: Hueber.

Sekundärliteratur

Goethe Institut (Hrsg.) (2004): *Datenbank des GI. Kommentierte Bibliographie Deutsch als Fremdsprache. Lehrwerke. Themen neu.* Internet: http://buch.goethe.de/cgi-bin/acwww25/lewea.pl (Zugriff: 19.03.2004)

Goethe Institut (Hrsg.) (2004): *GI Prüfungsbeschreibung. Zertifikat Deutsch.* http://www.goethe.de/dll/prf/pba/zdt/deindex.htm Internet: (Zugriff: 19.03.2004).

Max Hueber Verlag
(Hrsg.) (2002): *Themen neu.Lehrwerk.* Internet: http://themen-neu.de/lehrwerk/index.asp (Zugriff: 19.03.2004)